Erholung von Trauma-Anleihen

Einfache Schritte, um sich zu befreien, wieder aufzubauen und zu gedeihen – Verwandeln Sie Ihr Leben mit Heilung, Belastbarkeit und positiven Verbindungen

ALINA ROBERTSON

Inhaltsverzeichnis

Einführung

In der Geschichte der Verbindungen zwischen Menschen erzählen einige Themen Geschichten von Liebe und Stärke, während andere uns in einem Gewirr komplexer Gefühle gefangen halten. Als Autor von „Recovery from Trauma Bonds" erzähle ich eine persönliche Geschichte – eine Reise durch meine eigenen Erfahrungen mit Trauma-Bonds.

Meine Reise durch Trauma-Bindungen

Vor einiger Zeit befand ich mich in einer Beziehung, die sich verwirrend anfühlte. Die glücklichen Momente waren großartig, aber darunter lag in jeder gemeinsamen Erfahrung ein subtiler Schmerz. Es war eine Beziehung, die die Frage stellte, was Liebe und Verbindung wirklich bedeuteten. Ich wusste nicht, dass ich in sogenannten Trauma-Bindungen gefangen war.
Trauma-Bindungen lassen sich nicht einfach mit ausgefallenen Worten beschreiben. Stattdessen sind sie wie emotionale Bindungen, die inmitten gemeinsamer Schmerzen und intensiver Erfahrungen entstanden sind. Auch wenn man es nicht sieht, haben Bindungen einen großen Einfluss auf unsere Beziehungen.
Stellen Sie sich Trauma-Bindungen als Fäden vor, die in das Gewebe unserer Gefühle eingewebt sind. Sie entstehen nicht nur aus Liebe; Sie sind eine

Mischung aus Zuneigung und Leid. Diese Bindungen schaffen eine einzigartige Verbindung, die Menschen in schwierigen Zeiten zusammenhält. Um Trauma-Bindungen zu verstehen, müssen wir über die übliche Art und Weise, wie wir über Beziehungen denken, hinausblicken und den Tanz zwischen Liebe und Schmerz erkennen.

Was sind Trauma-Bonds?

Traumabindungen sind Verbindungen, die entstehen, wenn Menschen gemeinsam schwere Zeiten durchleben. Es geht ihnen nicht nur um Liebe; Sie handeln davon, wie sich Schmerz und Liebe vermischen. Es ist wie eine unsichtbare Kraft, die uns auf tiefe Weise mit anderen verbindet.

Die Auswirkungen: Wie sich Trauma-Bindungen auf uns auswirken

Traumabindungen beeinträchtigen nicht nur unsere momentanen Gefühle, sie gehen tiefer. Sie beeinflussen, wer wir zu sein glauben, wie wir uns selbst sehen und wie wir mit anderen in Kontakt treten. Wenn ich auf meine eigene Erfahrung zurückblicke, erkenne ich, dass Trauma-Bindungen eine große Rolle dabei spielten, wie ich über mich selbst und andere dachte.

Gestalten, wer wir sind: Wie Trauma-Bindungen unser Selbstbild beeinflussen

Traumabindungen hinterlassen Spuren in unserem Selbstverständnis. Die Höhen und Tiefen werden zu einem großen Teil davon, wie wir verstehen, wer wir sind. Für mich veränderte dies meine Denkweise über mich selbst und schuf ein Bild davon, wer ich mit dem geteilten Schmerz verstrickt bin. Es ist wichtig, diese Auswirkungen zu verstehen, um die Emotionen zu entschlüsseln, die mit Trauma-Bindungen verbunden sind.

Auswirkungen auf Beziehungen: Wie Trauma-Bindungen die Art und Weise verändern, wie wir uns verbinden

Trauma-Bindungen bleiben nicht nur individuell bei uns, sie beeinflussen auch die Art und Weise, wie wir mit anderen in Kontakt treten. In meiner Geschichte beeinflussten die Echos traumatischer Bindungen die Art und Weise, wie ich mit Menschen interagierte. Diese Auswirkungen zu verstehen ist wie das Verstehen einer subtilen Sprache – Dinge, die wir nicht sagen, die aber dennoch unsere Beziehungen prägen.

Kapitel 1: Trauma-Bindungen erkennen – Navigieren im Labyrinth aus Liebe und Schmerz

Auf dem Weg zur Genesung ist es ein entscheidender Schritt, den komplizierten Tanz zwischen Liebe und Traumabindungen zu verstehen. Lassen Sie uns in den Kern des Erkennens traumatischer Bindungen eintauchen, indem wir die subtilen Unterschiede zwischen echter Liebe und dem komplexen Netz emotionaler Verstrickung erforschen. Darüber hinaus werden wir die Anzeichen und Merkmale aufdecken, die auf das Vorhandensein traumatischer Bindungen in unseren Beziehungen hinweisen.

Liebe von Trauma-Bindung unterscheiden: Eine heikle Balance

Liebe in ihrer reinsten Form ist eine Quelle der Freude, Unterstützung und Verbindung. Doch das Zusammenspiel von Liebe und Trauma-Bindungen kann einen Schatten auf diese positiven Emotionen werfen. Das Erkennen der nuancierten Unterschiede ist für die Navigation im emotionalen Labyrinth von entscheidender Bedeutung.

Liebe: Eine Grundlage für gegenseitiges Wachstum

In einer gesunden Beziehung, die in der Liebe verwurzelt ist, fördern und unterstützen sich die Menschen gegenseitig in ihrer persönlichen Entwicklung. Es ist geprägt von Vertrauen, gemeinsamen Werten und einem Gefühl der Sicherheit. Die erlebte Freude ist echt und schafft ein Umfeld, in dem beide Partner emotional aufblühen.

Trauma-Bonding: Das Netz emotionaler Verstrickung

Trauma-Bonding hingegen ist eine komplexe Verflechtung von Zuneigung und Leid. Es entsteht oft nach gemeinsamen Nöten und schafft eine Verbindung, die sich unzerbrechlich anfühlt. Die Freude, die aus der Traumabindung entsteht, ist mit Schmerz verknüpft und bildet eine paradoxe Gefühlslandschaft.

Identifizieren von Anzeichen und Merkmalen von Trauma-Bindungen

Um traumatische Bindungen zu erkennen, muss man sich der Zeichen und Merkmale bewusst sein, die sie von gesunden Bindungen unterscheiden. Lassen Sie uns diese Markierungen beleuchten, um Einzelpersonen in die Lage zu versetzen, Beziehungen klar zu steuern.

1. Intensität in Widrigkeiten:
- **Liebe** : Paare in einer gesunden Beziehung stehen gemeinsam vor Herausforderungen, aber die Intensität der emotionalen Erfahrungen ist ausgeglichen. Es besteht ein gegenseitiges Verständnis dafür, dass Widrigkeiten ein Teil des Lebens sind, und dass Unterstützung angeboten wird, ohne dass eine überwältigende emotionale Belastung entsteht.

- **Trauma-Bindung** : Die emotionale Intensität steigt angesichts von Widrigkeiten und wird oft zu einem bestimmenden Faktor der Beziehung. Die Höhen und Tiefen sind übertrieben und erzeugen eine Achterbahnfahrt der Gefühle, die die Menschen in Zeiten der Not noch enger zusammenschweißt.

2. Zyklische Muster von Freude und Schmerz:
- **Liebe** : Freude ist beständig, und wenn Schmerz vorhanden ist, wird er als Anomalie und nicht als wiederkehrendes Muster betrachtet. Emotionale Erfahrungen halten ein gesundes Gleichgewicht aufrecht, und auf Freude folgt nicht immer tiefer emotionaler Schmerz.

- **Trauma-Bonding** : Freude und Schmerz werden von Natur aus zyklisch. Auf Momente des Glücks folgen oft Perioden intensiven emotionalen Schmerzes, wodurch ein sich wiederholendes Muster entsteht, das die Bindung durch gemeinsames Leiden stärkt.

3. Isolierung von externer Unterstützung:

- **Liebe** : Gesunde Beziehungen fördern die Verbindung mit Freunden, der Familie und Unterstützungsnetzwerken. Es besteht eine Offenheit gegenüber externen Perspektiven, die eine Umgebung fördert, in der beide Personen Verbindungen pflegen, die über die romantische Bindung hinausgehen.

- **Trauma-Bindung** : Personen in Trauma-Bindungen können sich von externen Unterstützungsstrukturen isolieren. Die emotionale Intensität innerhalb der Beziehung kann ein Gefühl der Exklusivität erzeugen und zu einem allmählichen Rückzug aus externen Beziehungen führen.

4. Abhängigkeit und Angst:
- **Liebe** : Gesunde Beziehungen leben von der Unabhängigkeit, in der sich die Partner gegenseitig unterstützen, ohne Abhängigkeit zu fördern. Es gibt ein Gefühl der Sicherheit, das es dem Einzelnen

ermöglicht, sich auszudrücken, ohne Konsequenzen befürchten zu müssen.

- **Trauma-Bindung:** Angst wird zu einer mächtigen Kraft in Trauma-Bindungen. Einzelpersonen fürchten möglicherweise die Folgen einer Distanzierung von der Beziehung, was zu einem Gefühl der Abhängigkeit führt, das über die gesunde Unabhängigkeit hinausgeht.

5. Kognitive Dissonanz:
- **Liebe** : In gesunden Beziehungen stimmen Gedanken und Gefühle harmonisch überein. Es besteht Klarheit darin, die Perspektiven des anderen zu verstehen, und die Kommunikation überbrückt eventuell auftretende Lücken.

- **Trauma-Bonding** : Kognitive Dissonanz entsteht, wenn sich Einzelpersonen mit dem Paradoxon von Freude und Schmerz in der Beziehung auseinandersetzen. Widersprüchliche Gefühle führen zu inneren Spannungen und erzeugen eine Dissonanz, die emotional belastend sein kann.

Ein Fahrplan zur Anerkennung und Genesung

Durch das Verständnis dieser Unterschiede zwischen Liebe und Trauma-Bindung erhalten Einzelpersonen einen Leitfaden, um die Zeichen und Merkmale zu erkennen, die das Vorhandensein von Trauma-Bindungen in ihren Beziehungen kennzeichnen. Die Reise zur Genesung beginnt mit diesem Bewusstsein, wenn wir die Feinheiten emotionaler Verbindungen entschlüsseln und nach gesünderen, erfüllenderen Verbindungen streben.

Kapitel 2: Trauma-Bindungen in bestimmten Kontexten – Schwierige Beziehungen verstehen

Werfen wir einen genaueren Blick auf die Beziehungen zu narzisstischem Missbrauch und untersuchen, was das Stockholm-Syndrom wirklich bedeutet.

Beziehungen mit narzisstischem Missbrauch: Wenn aus Charme Kontrolle wird

Narzisstischer Missbrauch ist wie ein langsames Gift – es scheint zunächst charmant, kann aber emotional schädlich sein. Die Person mit narzisstischen Zügen mag selbstbewusst und attraktiv wirken und andere anziehen. Unter diesem Charme verbirgt sich jedoch eine hinterhältige Art der Manipulation, die die Emotionen durcheinander bringt.

Sich nett und dann nicht so nett benehmen:
Am Anfang erleben Menschen in narzisstischen Beziehungen möglicherweise Momente äußerster Freundlichkeit, gefolgt von Zeiten, in denen sie abgewertet werden. Dieser Zyklus führt zu

Verwirrung und einer starken emotionalen Bindung, da die Opfer auf die Rückkehr von Liebe und Anerkennung hoffen.

Vertrauensverlust:
Narzisstischer Missbrauch zerstört oft das Selbstvertrauen einer Person. Taktiken wie Gaslighting, bei denen der Täter den Realitätssinn des Opfers beeinträchtigt, können dazu führen, dass jemand an sich selbst zweifelt. Dieser Verlust des Selbstwertgefühls bildet die Grundlage für traumatische Bindungen.

Stockholm-Syndrom: Bindung in schwierigen Situationen

Das Stockholm-Syndrom ist eine schwierige psychologische Situation, in der Menschen emotionale Bindungen zu denen eingehen, die ihnen Schaden zufügen. Während wir bei Geiselnahmen oft davon hören, lässt sich die Idee auf verschiedene schwierige Szenarien anwenden und zeigt uns mehr über traumatische Bindungen.

Emotional überleben:
In schwierigen Situationen können Menschen das Stockholm-Syndrom entwickeln, um emotional zu überleben. Am Ende bauen sie eine Bindung zu der Person auf, die Schaden anrichtet, und verwischen die Grenzen zwischen Fänger und Beschützer.

Dinge von der anderen Seite sehen:
Beim Stockholm-Syndrom kommt es zu einem Umdenken, bei dem die Opfer beginnen, sich mit der Person zu identifizieren, die den Schaden anrichtet. Dies geschieht, weil sie die Perspektive des Täters verinnerlichen und so eine seltsame Verbindung herstellen.

Sich allein fühlen:
Der Abgeschnittensein von externer Unterstützung ist ein wichtiger Faktor beim Stockholm-Syndrom. Wenn sich Menschen isoliert fühlen, verlassen sie sich als emotionale Unterstützung eher auf die Person, die Schaden verursacht. Die Traumabindung wird in einer einsamen Umgebung zu einer Art Lebensader.

Schwierige Situationen beleuchten und Stärke finden

In der Welt der Traumabindungen hilft uns das Verständnis, wie sie sich in Beziehungen mit narzisstischem Missbrauch und in Situationen wie dem Stockholm-Syndrom bilden, dabei, die Herausforderungen zu bewältigen. Diese Erkenntnisse sind wie Führer, die den Einzelnen dazu führen, zu verstehen, zu heilen und die Kontrolle zurückzugewinnen.

Kapitel 3: Die Mischung der Gefühle in Körper und Geist – Umgang mit emotionalen Turbulenzen

In diesem Kapitel geht es darum, wie sich Emotionen körperlich zeigen und welchen Zusammenhang es zwischen psychischer Gesundheit, posttraumatischer Belastungsstörung und schwierigen Erfahrungen gibt.

Gefühle in Ihrem Körper: Wenn Emotionen Sie körperlich beeinflussen

Trauma ist nicht nur in deinem Kopf; Es kann auch dazu führen, dass Ihr Körper das Gewicht spürt. Um die volle Wirkung traumatischer Bindungen herauszufinden, ist es wichtig zu verstehen, wie sich emotionaler Schmerz körperlich zeigt.

1. Spannung und Schmerz:
- **Was mit Ihrem Körper passiert** : Stressige Emotionen können Ihre Muskeln verspannen und anhaltende Schmerzen verursachen. Diese körperliche Anspannung ist wie eine stille Art und Weise, wie Ihr Körper über schwere Gefühle spricht.

- **So helfen Sie** : Für die Heilung ist es wichtig, körperliche Spannungen zu erkennen und mit ihnen umzugehen. Dinge wie Massagen, Yoga oder Therapien, die sich auf Ihren Körper konzentrieren, können dabei helfen, die durch emotionalen Stress verursachten Knoten zu lösen.

2. Schlafprobleme:

- **Was mit Ihrem Körper passiert** : Ein Trauma beeinträchtigt Ihre natürlichen Schlafmuster. Schlechte Träume, Schlafstörungen und unregelmäßiger Schlaf können Anzeichen für einen emotionalen Sturm in Ihnen sein.

- **So verbessern Sie Ihren Schlaf** : Die Entwicklung einer beruhigenden Schlafenszeitroutine und die Anwendung von Entspannungsmethoden können Ihren Schlaf verbessern. Sich vor dem Schlafengehen sicher zu fühlen, ist der Schlüssel zu erholsamen Nächten.

3. Verdauungsprobleme:

- **Was mit Ihrem Körper passiert** : Emotionale Schmerzen können sich in Magenschmerzen oder Verdauungsproblemen äußern. Ihr Darm wird zu einer Karte, die die Auswirkungen traumatischer Bindungen offenbart.

- **So bringen Sie Ihren Darm ins Gleichgewicht** :
Um auf die Gesundheit Ihres Verdauungssystems zu
achten, müssen Sie Ihren gesamten Lebensstil
berücksichtigen. Eine Umstellung Ihrer Ernährung,
Wege zur Stressbewältigung und die Verwendung
von Probiotika können dabei helfen, das
Gleichgewicht in Ihrem Darm wiederherzustellen.

Psychische Gesundheit: Bewältigung schwieriger Zeiten

Die Mischung aus Trauma, Körper und Geist zeigt
sich darin, wie sich Menschen nach harten
Erfahrungen psychisch fühlen. Die
Posttraumatische Belastungsstörung (PTBS) zeigt
uns, wie tief emotionale Wunden gehen können.

1. Aufdringliche Gedanken und Erinnerungen:
- **Was in Ihrem Kopf passiert** : PTBS bringt oft
aufdringliche Gedanken und starke Erinnerungen an
schwierige Erfahrungen mit sich. Diese Gedanken
können das tägliche Leben stören und es schwierig
machen, weiterzumachen.

- **Wie man damit umgeht:** Therapien wie CBT und
Achtsamkeit bieten Möglichkeiten, mit
aufdringlichen Gedanken umzugehen. Die
Schaffung einer unterstützenden Umgebung, die
Ihre Erfahrungen versteht, ist der Schlüssel zur
Heilung.

2. Inneres Taubheitsgefühl:

- **Was in Ihrem Kopf passiert:** Ein Trauma kann Sie emotional taub machen – eine Möglichkeit, sich vor überwältigenden Gefühlen zu schützen.

- **So öffnen Sie Emotionen:** Es ist wichtig, Ihnen dabei zu helfen, sich wieder mit Ihren Emotionen zu verbinden. Therapien und fürsorgliche Unterstützung können Ihnen die Fähigkeit zurückgeben, die volle Bandbreite an Emotionen zu spüren.

3 . Immer auf dem Laufenden:
- **Was in Ihrem Kopf passiert:** PTBS kann dazu führen, dass Sie sich immer nervös fühlen, als würden Sie damit rechnen, dass etwas Schlimmes passiert.

- **Sichere Räume schaffen:** Sich sicher zu fühlen ist entscheidend. Therapien und Achtsamkeit können dazu beitragen, sichere Umgebungen zu schaffen und das Gefühl, immer auf dem Laufenden zu sein, langsam zu reduzieren.

Kapitel 4: Heilung aus schwierigen Zeiten – Ein Leitfaden zur Überwindung von Schmerzen

Lassen Sie uns in Worten erforschen, wie man sich von sexuellem Missbrauch erholt und die Fesseln häuslicher Gewalt überwindet.

Navigieren Sie zur Genesung nach sexuellem Missbrauch: Finden Sie Ihren Weg zurück

Wie sich sexueller Missbrauch anfühlt:
Sexueller Missbrauch liegt vor, wenn jemand Ihrem Körper ohne Ihre Zustimmung Dinge antut, die Sie verletzen und verwirren. Es kann emotionale Wunden hinterlassen, deren Heilung Zeit und Pflege erfordert.

Schritte zur Heilung:

1. **Wenden Sie sich an den Support:**
- **Erläuterung** : Sprechen Sie mit jemandem, dem Sie vertrauen – einem Freund, Familienmitglied oder Berater. Teilen Sie mit, was passiert ist. Sie müssen es nicht alleine bewältigen.

- **Warum es wichtig ist** : Wenn Sie sich öffnen, fühlen Sie sich unterstützt und weniger allein. Sie haben Verständnis und Fürsorge.

2. Suchen Sie professionelle Hilfe:
- **Erläuterung** : Sprechen Sie mit einem Therapeuten oder Berater, der sich mit Traumata auskennt. Sie verfügen über Werkzeuge, die Ihnen helfen, Ihre Gefühle zu verstehen.
- **Warum es wichtig ist** : Fachleute können Sie durch die Heilungsschritte führen und so die Reise einfacher machen.

3. Grenzen setzen:
- **Erläuterung** : Lernen Sie, Nein zu sagen und anderen gegenüber klare Grenzen zu setzen. Es geht darum, Entscheidungen zu treffen, die sich für Sie richtig anfühlen.
- **Warum es wichtig ist** : Grenzen schützen Sie und geben Ihnen die Kontrolle über Ihr eigenes Leben.

4. Selbstfürsorgepraktiken:
- **Erklärung** : Kümmere dich im Kleinen um dich selbst – nach Belieben, ruhe dich aus und tue Dinge, die dir Spaß machen.
- **Warum es wichtig ist** : Selbstfürsorge hilft dabei, wieder zu Kräften zu kommen und zeigt Ihnen, dass Sie wichtig sind.

Die Fesseln häuslicher Gewalt überwinden: Erlangen Sie Ihre Freiheit zurück

Was häusliche Gewalt ist:
Häusliche Gewalt liegt vor, wenn jemand, der Ihnen nahe steht, Sie körperlich oder emotional verletzt. Es entsteht eine schmerzhafte Umgebung, in der Sie sich gefangen fühlen können.

Schritte zur Heilung:

1. Sicherheit geht vor:
- **Erklärung** : Wenn Sie in unmittelbarer Gefahr sind, suchen Sie sich einen sicheren Ort. Rufen Sie jemanden, dem Sie vertrauen, oder eine Hotline um Hilfe.
- **Warum es wichtig ist** : Sich sicher zu fühlen ist der erste Schritt zur Heilung.

2. Sprechen Sie mit jemandem :
- Erläuterung: Teilen Sie Ihre Gefühle einem Freund, Familienmitglied oder Berater mit. Jetzt jemanden zu verlassen, ist ein mutiger Schritt.
- **Warum es wichtig ist:** Wenn Sie darüber sprechen, fühlen Sie sich unterstützt und beginnen den Heilungsprozess.

3. Erstellen Sie einen Sicherheitsplan:

- **Erläuterung:** Planen Sie, was zu tun ist, wenn es schwierig wird. Haben Sie eine Tasche mit dem Nötigsten und einen sicheren Ort zum Mitnehmen.
- **Warum es wichtig ist:** Einen Plan zu haben gibt Ihnen ein Gefühl von Kontrolle und Optionen.

4. Vernetzen Sie sich mit Selbsthilfegruppen :

- **Erläuterung** : Treten Sie Gruppen bei, in denen andere ähnliche Erfahrungen teilen. Es ist eine Möglichkeit, Kontakte zu knüpfen und voneinander zu lernen.
- **Warum es wichtig ist** : Selbsthilfegruppen zeigen, dass Sie nicht allein sind, und andere können Sie auf Ihrem Heilungsweg inspirieren.

5. Professionelle Beratung :

- **Erläuterung** : Sprechen Sie mit einem Therapeuten oder Berater, der sich mit häuslicher Gewalt auskennt. Sie können Sie zur Heilung führen.
- **Warum es wichtig ist** : Profis verfügen über Tools, die Ihnen helfen, Emotionen zu verarbeiten und voranzukommen.

Kapitel 5: Die Verantwortung für Ihre Gefühle übernehmen – Ein Weg zur Freiheit

Auf dem Weg, sich von traumatischen Bindungen zu befreien, liegt der Schlüssel darin, Ihre Emotionen zu verstehen und zu lenken. Lassen Sie uns Wege erkunden, wie Sie Ihre Gefühle kontrollieren und die Widerstandskraft aufbauen können, die Sie für den Weg in die Freiheit benötigen.

Ein einzigartiger Anfang: Den Teppich der Gefühle entwirren

Stellen Sie sich Ihre Gefühle als einen lebendigen Wandteppich vor, der aus Fäden der Freude, der Traurigkeit und allem dazwischen gewebt ist. Manchmal fühlt sich dieser Wandteppich verheddert an, besonders wenn man versucht, sich aus schwierigen Situationen zu befreien. Aber keine Angst, wir begeben uns auf eine Reise, um diese Fäden zu entwirren und den Weg zu emotionaler Kontrolle und Belastbarkeit zu ebnen.

Strategien zur emotionalen Regulierung: Navigieren durch die Achterbahn

Strategien:

1. Atemübungen:
- **Was zu tun ist** : Atmen Sie langsam und tief ein. Atmen Sie ein, machen Sie eine kurze Pause und lassen Sie den Atem langsam wieder los.
- **Warum es hilft** : Tiefes Atmen beruhigt Ihr Nervensystem und vermittelt ein Gefühl des Friedens.

2. Erdungstechniken:
- **Was zu tun ist** : Konzentrieren Sie sich auf Ihre Sinne – Berührung, Sehen, Hören. Halten Sie einen Gegenstand, schauen Sie sich um oder hören Sie genau zu.
- Warum es hilft: Erdung bringt Sie zurück in die Gegenwart und mildert überwältigende Emotionen.

3. Ausdrucksstarkes Schreiben :
- **Was zu tun ist** : Schreiben Sie Ihre Gedanken und Gefühle ohne Urteil auf. Lassen Sie die Worte fließen.
- **Warum es hilft** : Schreiben hilft dabei, aufgestaute Emotionen loszulassen und vermittelt ein Gefühl der Erleichterung.

4. Achtsamkeitspraktiken :

- **Was zu tun ist** : Nehmen Sie Aktivitäten mit voller Aufmerksamkeit auf – sei es Essen, Spazierengehen oder Zuhören.
- **Warum es hilft** : Achtsamkeit fördert das Bewusstsein und hilft Ihnen, bewusster auf Emotionen zu reagieren.

Stärkung der Widerstandsfähigkeit: Stärkung Ihres inneren Kerns

Schritte :

1. **Positive Affirmationen:**
- **So verwenden Sie sie** : Wiederholen Sie täglich positive Sätze über sich selbst, wie zum Beispiel „Ich bin stark und fähig."
- **Warum sie helfen** : Affirmationen stärken das positive Selbstvertrauen und steigern die Widerstandsfähigkeit.

2. **Vernetzen Sie sich mit unterstützenden Menschen** :
- **Worauf Sie achten sollten** : Umgeben Sie sich mit Freunden und Familie, die Sie ermutigen und unterstützen.
- **Warum es wichtig ist** : Positive Beziehungen bieten in schwierigen Zeiten ein Sicherheitsnetz.

3. **Setzen Sie sich realistische Ziele** :

- **Wie man anfängt** : Teilen Sie größere Ziele in kleinere, erreichbare Schritte auf.

- **Warum es wichtig ist** : Das Erreichen kleiner Ziele stärkt mit der Zeit das Selbstvertrauen und die Belastbarkeit.

4. Lernen Sie aus Herausforderungen:

- **Mindset Change** : Betrachten Sie Herausforderungen als Chancen für Wachstum und Lernen.

- **Warum es wichtig ist** : Die Anpassung einer Wachstumsmentalität fördert die Widerstandsfähigkeit gegenüber Widrigkeiten.

Kapitel 6: Befreien Sie Ihren Weg – Schritte, um sich zu befreien

Stellen Sie sich vor, Sie stehen am Rande eines riesigen Feldes und der Horizont lockt mit Möglichkeiten. Sich zu befreien ist wie das Betreten dieses Feldes, und in diesem Kapitel werden wir einfache Schritte zur Befreiung und die Bedeutung der Festlegung gesunder Grenzen untersuchen.

Die Freiheit umarmen: Eine Reise beginnt

Stellen Sie sich Folgendes vor: Sie haben einen Schlüssel in der Hand, und es ist der Schlüssel zu Ihrer Freiheit. Beim Ausbrechen geht es darum, die Tür aufzuschließen und in ein neues Kapitel Ihres Lebens einzutreten. Lassen Sie uns die Schritte entdecken, um den Schlüssel umzudrehen und die Tür weit zu öffnen.

Schritte zur Befreiung: Ihr Weg zur Freiheit

Schritte:

1. Erkennen Sie Ihre Stärke an:
- **Was es bedeutet** : Erkennen Sie die Kraft in Ihnen, die Stärke, die Sie durchgehalten hat.

- **Warum es wichtig ist** : Die Anerkennung Ihrer Stärke stärkt das Selbstvertrauen für die bevorstehende Reise.

2. **Definieren Sie Ihre Vision** :
- **Was zu tun ist:** Stellen Sie sich das Leben vor, das Sie sich wünschen, frei von den Zwängen der Vergangenheit.
- **Warum es wichtig ist** : Eine klare Vision wird zum Kompass, der Ihre Schritte zur Befreiung leitet.

3. **Brechen Sie das Schweigen:**
- **So fangen Sie an** : Teilen Sie Ihre Geschichte mit jemandem, dem Sie vertrauen, oder einem Fachmann.
- **Warum es hilft:** Das Schweigen zu durchbrechen erleichtert die Belastung und öffnet Wege zur Unterstützung.

4. Kleine Akte der Unabhängigkeit:
- Beispiele: Treffen Sie Entscheidungen für sich selbst, kleine. Entdecken Sie Ihre Autonomie neu.
- **Warum sie wichtig sind** : Kleine Akte der Unabhängigkeit geben den Anstoß für bedeutendere Schritte.

Gesunde Grenzen setzen: Bauen Sie Ihren Schutzschild auf

Prinzipien:

1. Identifizieren Sie Ihre Grenzen:
- **Was es bedeutet:** Erkennen Sie, womit Sie sich wohl fühlen und was Ihnen Unbehagen bereitet.
- **Warum es wichtig ist** : Wenn Sie Ihre Grenzen kennen, können Sie Grenzen festlegen, die Ihr Wohlbefinden schützen.

2. Kommunizieren Sie klar:
- **So fangen Sie an:** Drücken Sie Ihre Bedürfnisse und Gefühle ehrlich, aber respektvoll aus.
- **Warum es hilft** : Klare Kommunikation stellt sicher, dass andere Ihre Grenzen verstehen.

3. Lernen Sie, Nein zu sagen:
- **Erklärung** : Lehnen Sie höflich Dinge ab, die nicht mit Ihrem Wohlbefinden im Einklang stehen.
- **Warum es wichtig ist** : Nein zu sagen setzt Grenzen und priorisiert Ihre Bedürfnisse.

4. Priorisieren Sie die Selbstfürsorge:
- **Was es beinhaltet** : Nehmen Sie sich Zeit für Aktivitäten, die Ihnen Freude und Entspannung bringen.
- **Warum es wichtig ist:** Selbstfürsorge ist eine wirksame Möglichkeit, Ihr Engagement für das persönliche Wohlbefinden zu stärken.

Kapitel 7: Neuanfänge – Beziehungen nach schwierigen Zeiten meistern

Ein Neuanfang in der Welt der Beziehungen kann wie das Pflanzen von Samen für einen schönen Garten sein. In diesem Kapitel werden wir uns mit den einfachen Schritten zum Wiederaufbau von Vertrauen und zum Finden gesunder Verbindungen befassen, wenn Sie nach der Trauma-Bindung mit dem Dating beginnen.

Vertrauen wiederherstellen: Eine solide Grundlage

Stellen Sie sich Vertrauen als den Boden für Ihren neuen Garten vor. Der Wiederaufbau ist so, als würde man diesen Boden pflegen und ein starkes Fundament für die Verbindungen schaffen, die man aufbauen möchte.

Schritte:

1. Fangen Sie klein an:
- **Was es bedeutet** : Beginnen Sie mit kleinen Verpflichtungen und beobachten Sie, wie das Vertrauen allmählich wächst.

- **Warum es wichtig ist** : Wenn man klein anfängt, kann sich im Laufe der Zeit auf natürliche Weise Vertrauen entwickeln.

2. **Konsistenz ist wichtig:**
- **Erläuterung:** Tun Sie konsequent, was Sie sagen.
- **Warum es hilft** : Konsistenz schafft ein Gefühl der Zuverlässigkeit und stärkt das Vertrauen.

3. **Offene Kommunikation:**
- **So fangen Sie an** : Teilen Sie Ihre Gedanken und Gefühle offen mit und ermutigen Sie Ihren Partner, dasselbe zu tun.
- **Warum es wichtig ist:** Kommunikation schafft Vertrauen, indem sie das Verständnis fördert.

4. **Setzen Sie realistische Erwartungen:**
- **Erläuterung** : Seien Sie realistisch, was Sie von sich selbst und Ihrem Partner erwarten.
- **Warum es hilft** : Realistische Erwartungen verhindern Enttäuschungen und fördern eine gesündere Vertrauensdynamik.

Gesunde Verbindungen finden: Einen lebendigen Garten pflegen

Stellen Sie sich Ihre Beziehungen wie lebendige Blumen in Ihrem Garten vor. Gesunde Verbindungen sind die Blüten, die Ihren Garten zum Gedeihen bringen.

Prinzipien:

1. Kennen Sie Ihre Werte:
- **Worum es geht:** Verstehen Sie, was Ihnen in einer Beziehung wichtig ist.
- **Warum es wichtig ist:** Wenn Sie Ihre Werte kennen, können Sie Verbindungen wählen, die Ihren Grundüberzeugungen entsprechen.

2. Nehmen Sie sich Zeit:
- **Erläuterung:** Gehen Sie nicht überstürzt auf tiefe Kontakte ein; Lassen Sie Beziehungen auf natürliche Weise wachsen.
- **Warum es hilft** : Wenn Sie sich Zeit nehmen, können Sie eine echte und starke Grundlage entwickeln.

3. Vertrauen Sie Ihren Instinkten:
- **Erläuterung** : Hören Sie auf Ihr Bauchgefühl bezüglich einer Person oder einer Situation.
- **Warum es wichtig ist** : Instinkte sind ein wertvoller Leitfaden für den Umgang mit gesunden Beziehungen.

4. Priorisieren Sie gegenseitigen Respekt:
- **Was es beinhaltet** : Behandeln Sie Ihren Partner mit Freundlichkeit und erwarten Sie das Gleiche im Gegenzug.

- **Warum es hilft:** Gegenseitiger Respekt ist der Grundstein einer gesunden und erfüllenden Beziehung.

Kapitel 8: Fragen entwirren – Ihr Trauma-Bond-Fragen- und Antwortbegleiter

In diesem Kapitel begeben wir uns auf eine Reise voller Fragen und Antworten, entmystifizieren die Feinheiten von Trauma-Bindungen und bieten eine klare Anleitung für Ihren Heilungsweg.

Beantwortung häufiger Fragen: Klärung Ihrer Bedenken

Stellen Sie sich ein freundliches Gespräch vor, in dem Ihre Fragen zu Trauma-Bindungen behandelt werden. Lassen Sie uns häufige Fragen aufdecken und Klarheit in Ihr Verständnis bringen.

Häufige Fragen:

1. Was genau ist ein Trauma Bond?
- Antwort: Eine Traumabindung ist eine starke emotionale Verbindung zu jemandem, der Ihnen Schmerzen zugefügt hat, wie ein Klebeband, das sich nur schwer lösen lässt.

2. Wie kann ich erkennen, ob ich in einer Trauma-Bindung gefangen bin?

- **Erläuterung** : Wenn Sie das Gefühl haben, in einer schädlichen Beziehung festzustecken und nicht in der Lage zu sein, sich davon zu lösen, befinden Sie sich möglicherweise in einer traumatischen Bindung. Es ist, als würde man an etwas kleben, das Schmerzen verursacht.

3. Ist es möglich, eine Trauma-Bindung zu lösen?

- **Antwort** : Absolut! Um eine traumatische Bindung zu lösen, muss man sie anerkennen, Unterstützung suchen und Schritte zur Heilung unternehmen.

4. Ist es normal, jemanden zu vermissen, der mich verletzt hat?

- **Erklärung:** Es ist üblich, jemanden zu vermissen, auch wenn er Schmerzen verursacht hat. Sie zu verpassen bedeutet jedoch nicht, dass Sie zurückkehren sollten; Es ist Teil des Heilungsprozesses.

5. Können Trauma-Bonds verschiedene Arten von Beziehungen beeinflussen?

- **Antwort:** Ja, traumatische Bindungen können sich auf verschiedene Beziehungen auswirken, darunter romantische, familiäre oder freundschaftliche Beziehungen.

6. Warum ist es schwer, sich von einer Trauma-Bindung zu lösen?

- **Erklärung** : Sich zu befreien ist eine Herausforderung, denn die Bindung wurzelt in starken Emotionen, die es schwierig machen, loszulassen.

7. Wie kann ich zwischen Liebe und einer Trauma-Bindung unterscheiden?

- **Anleitung** : Liebe ist nährend und unterstützend, während eine traumatische Bindung Giftigkeit und Schaden mit sich bringt. Achten Sie darauf, wie Sie sich in der Beziehung fühlen.

8. Gibt es bestimmte Anzeichen dafür, dass ich in einer Traumabindung bin?

- **Indikatoren** : Das Gefühl, kontrolliert zu werden, unfähig, Grenzen zu setzen, und eine anhaltende Sehnsucht nach der Person sind häufige Anzeichen.

9. Kann die Suche nach professioneller Hilfe dabei helfen, eine Traumabindung zu lösen?

- **Hinweis** : Ja, Therapeuten und Berater können Ihnen Werkzeuge und Unterstützung zur Verfügung stellen, die Ihnen helfen, den Prozess der Befreiung zu meistern.

10. Welche Rolle spielt das Selbstbewusstsein bei der Überwindung einer Trauma-Bindung?

- **Einsicht** : Sich seiner Gefühle bewusst zu sein und die Auswirkungen der Bindung zu verstehen, ist entscheidend, um sich zu befreien.

11. Wie kann ich Freunden und Familie meine Situation erklären, ohne mich verurteilt zu fühlen?
- **Vorgehensweise** : Teilen Sie Ihre Gefühle ehrlich und ruhig mit. Erklären Sie, dass Sie an der Heilung arbeiten und möglicherweise ihre Unterstützung benötigen.

12. Ist es möglich, neue, gesunde Beziehungen aufzubauen, nachdem eine Trauma-Bindung gebrochen wurde?
- **Ausblick** : Ja, das ist durchaus möglich. Heilung öffnet Türen zu gesünderen Verbindungen, die auf gegenseitigem Respekt und Verständnis basieren.

13. Können Hobbys und Selbstpflegepraktiken dabei helfen, sich aus einer Trauma-Bindung zu lösen?
- **Tipp:** Aktivitäten, die Ihnen Spaß machen, können eine positive Ablenkung sein und zu Ihrem allgemeinen Wohlbefinden beitragen.

14. Wie gehe ich mit Rückschlägen im Prozess der Befreiung von einer Trauma-Bindung um?

- **Rat** : Verstehen Sie, dass Rückschläge Teil der Reise sind. Seien Sie sanft zu sich selbst, lernen Sie von ihnen und machen Sie weiter.

15. Gibt es Hoffnung auf eine bessere Zukunft nach der Überwindung einer Trauma-Bindung?
- **Versicherung** : Absolut! Sich zu befreien ebnet den Weg für persönliches Wachstum, Belastbarkeit und das Potenzial für gesündere Beziehungen in der Zukunft.

Kapitel 9: Echte Geschichten, echte Stärke – eine Fallstudie

In diesem Kapitel begeben wir uns auf eine Reise durch die realen Geschichten von fünf Personen, die traumatische Bindungen überwunden haben, und beleuchten den widerstandsfähigen Geist in jeder Erzählung. Diese Geschichten sind ein Leuchtfeuer der Hoffnung, begleitet von kraftvollen Lektionen, die den Weg zur Heilung erhellen.

Geschichten aus dem wirklichen Leben der Genesung: Mut in Aktion

1. Sarahs Reise:

Sarah stand vor der Herausforderung, sich aus einer toxischen Beziehung zu befreien, die sie emotional ausgelaugt hatte. Mit der Unterstützung von Freunden, einem Therapeuten und Selbstfürsorgepraktiken erlangte sie nach und nach ihr Leben zurück.

Gelernte Lektion:

„Selbst die kleinsten Schritte zählen. Sich jeden Tag für mich selbst zu entscheiden, ist stärker. Belastbarkeit beginnt mit kleinen Siegen."

2 . Alex' Triumph:

Alex meisterte die Komplexität einer traumatischen Bindung, indem er Selbstmitgefühl in den Vordergrund stellte. Er lernte, während des Heilungsprozesses freundlich zu sich selbst zu sein und fand, dass es wichtig war, kleine Siege zu feiern.

Gelernte Lektion:
„Der sanfte Umgang mit mir selbst hat das Spiel verändert. Kleine Siege wurden zu den Bausteinen meiner Genesung.“

3. Mayas Widerstandsfähigkeit:
Maya entdeckte die Kraft der Verbindung bei der Überwindung ihrer traumatischen Bindung. Mit der Unterstützung von Freunden und Familie fand sie die Kraft, sich zu befreien und ihr Leben neu aufzubauen.

Gelernte Lektion:
„Menschen zu haben, die an einen glauben, ist eine Lebensader. Verbundenheit treibt den Weg zur Heilung an.“

4. James' Verwandlung:
James vertrat die Auffassung, dass kleine Veränderungen große Auswirkungen haben. Durch schrittweise Anpassungen seiner täglichen

Gewohnheiten und Gedanken erlebte er im Laufe der Zeit tiefgreifende Veränderungen.

Gelernte Lektion:
„Kleine Veränderungen in der Denkweise und im Verhalten, die sich im Laufe der Zeit angesammelt haben. Das hat mich gelehrt, dass Veränderungen nicht überwältigend sein müssen."

5. Emilys Reise der Hoffnung:
Emily hielt an der Hoffnung als mächtiger Verbündeter bei ihrer Genesung fest. Sie glaubte an die Möglichkeit einer besseren Zukunft und fand Kraft darin, sich die bevorstehenden positiven Veränderungen vorzustellen.

Gelernte Lektion:
„Hoffnung ist die treibende Kraft. Sie hielt mich am Laufen, wenn die Reise herausfordernd schien."

Gelernte Lektionen: Navigieren auf dem Weg zur Heilung

Während wir diese fünf Fallstudien untersuchen, tauchen gemeinsame Themen auf – Lehren, die wir von Personen gezogen haben, die mit traumatischen Bindungen konfrontiert und diese überwunden haben. Diese Erkenntnisse bieten eine einfache, aber fundierte Anleitung für jeden auf dem Weg der Genesung.

Allgemeine Lektionen:

1. Selbstmitgefühl ist wichtig:
- **Weisheit** : Seien Sie während der Heilung freundlich zu sich selbst. Feiern Sie kleine Siege; Fortschritt braucht Zeit.

2. Verbindung ist der Schlüssel:
- **Wahrheit** : Bauen Sie ein Unterstützungssystem für Stärke auf, sei es durch Freunde, Familie oder Fachkräfte.

3. Kleine Veränderungen führen zu großer Wirkung:
- **Einsicht** : Inkrementelle Änderungen tragen im Laufe der Zeit zu erheblichen Veränderungen bei.

4. Jede Reise ist einzigartig:
- **Verstehen** : Erkennen Sie die Einzigartigkeit Ihrer Genesungsreise; Ehre deinen Fortschritt.

5. Hoffnung ist ein mächtiger Verbündeter:
- **Erinnerung** : Behalten Sie die Hoffnung auf eine bessere Zukunft bei; es treibt die Reise an.

Abschluss

Nehmen wir uns einen Moment Zeit, um über die wichtigsten Erkenntnisse aus unserer Erforschung der Genesung von traumatischen Bindungen nachzudenken. Wenn Sie das Ende dieser Reise erreichen, finden Sie Ermutigung für den Weg, der vor Ihnen liegt.

Zusammenfassung der wichtigsten Erkenntnisse: Lektionen zum Erinnern

1. Die innere Stärke erkennen:

- **Erinnerung:** Du besitzt unglaubliche Stärke. Erkennen Sie Ihre Widerstandsfähigkeit auf dieser Reise an und feiern Sie sie.

2. Sich zu befreien ist ein Prozess:

- **Einsicht:** Heilung braucht Zeit. Jeder kleine Schritt trägt dazu bei, sich aus den Fesseln einer traumatischen Bindung zu befreien.

3. Verbindung fördert die Heilung:

- **Wahrheit:** Umgeben Sie sich mit unterstützenden Verbindungen. Die Stärke einer Gemeinschaft ist ein starker Katalysator für die Genesung.

4. Selbstmitgefühl ist unerlässlich:

- **Weisheit** : Seien Sie freundlich zu sich selbst. Nehmen Sie Selbstmitgefühl als Leitprinzip auf dem Weg zur Heilung an.

5. **Hoffnung erleuchtet den Weg:**
- **Erinnerung** : Halte an der Hoffnung fest. Es ist ein Leuchtfeuer, das selbst die dunkelsten Momente erleuchtet und Sie in eine hellere Zukunft führt.

Ermutigung für die bevorstehende Reise: Eine Botschaft

Wenn Sie von diesen Seiten aus zu Ihrer eigenen Erzählung übergehen, tragen Sie die einfache, aber tiefgreifende Ermutigung für die Reise mit sich, die vor Ihnen liegt.

Lieber Leser,

Zum Abschluss unserer Erforschung der Genesung von traumatischen Bindungen möchten wir bedenken, dass jeder Schritt, den Sie in Richtung Heilung unternehmen, ein Sieg ist. Sie haben die Kraft in sich, sich zu befreien und ein Leben voller Positivität und Verbundenheit zu schaffen. Akzeptieren Sie die Einfachheit des Selbstmitgefühls, stützen Sie sich auf die Unterstützung um Sie herum und lassen Sie die Hoffnung Ihr treuer Begleiter sein.

Der Weg, der vor Ihnen liegt, mag seine Herausforderungen mit sich bringen, aber mit jedem noch so bewussten Schritt gestalten Sie eine Zukunft, die von Belastbarkeit und Wohlbefinden geprägt ist. Möge diese Reise Ihnen den Frieden und die Freiheit bringen, die Sie sich wünschen.

Ich wünsche Ihnen Kraft, Heilung und eine Zukunft voller strahlender Zukunft.

Herzliche Grüße,

ALINA ROBERTSON

www.ingramcontent.com/pod-product-compliance
Lightning Source LLC
Chambersburg PA
CBHW050750250726
48662CB00005B/2127